단춧구멍 속 바다

권재숙 시집

☾ 단춧구멍 속 바다

지은이 ● 권재숙

펴낸이 ● 강옥현

주　간 ● 양재일

발행처 ● 도서출판 오감도

초판 인쇄 ● 2025년 9월 30일

초판 발행 ● 2025년 10월 2일

전화 070-7778-2591 010-3206-2591

팩스 (031) 775-0161

출판 등록일 ● 제 10-1651(98. 10. 15)

서울시 중구 을지로3가 268 유일빌딩 604호

ISBN 978-89-5698-448-3 03810

값 10,000원

* 이 책은 경상남도, 경남문화예술진흥원의
문화예술지원을 보조받아 발간되었습니다.

✍ 시인의 말

이른 봄
서너 평 월동한 배추밭을 직박구리에게 내주면서도
아이처럼 즐거웠습니다.
여름엔 잡초들에게 마당을 다 내어주고
풀무치가 되어
그들과 함께 들풀처럼 살고자 했습니다
순간순간 그들의 기쁨과 즐거움을
서툰 글자로 적어 봅니다.
살아가며 가장 많이 웃는 순간들입니다.

나의 단춧구멍 규열씨, 알 러 뷰!

1

그이의 바다

2

참깨 한 됫박

3
비둘기 울음에서는 대숲 냄새가 난다

4

금창초

1

그이의 바다

가끔

남편이 가끔 있습니다
누군가 남편이 있느냐는 질문에 대한 답입니다
남편 있는 여자 신경질 나던데
아, 저는 가끔 있어서 괜찮습니다

현관에 신발이 한 켤레 더 놓이고
밥 한 그릇이 더 놓일 때
웃음소리가 커지고 티브이 볼륨이 올라가고
느리게 바둑돌 적막을 구를 때
남편이 있습니다

막걸리병이 사나흘 냉장고를 채우다가
하나둘 사라질 때쯤
트로트 어깨춤 장단으로 그가 가고 나면
나는
또
가끔

있는 듯 없는 듯

그래도 그 가끔이 나의 전부여서

여전히 큰 마당 개와 밤새 무사했느냐 인사를 주고
받으며

모닝커피를 내립니다

그이의 바다

하얗게 얼어붙은 갯가
바다의 살갗이 고슴도치처럼 가시를 세운 아침

파도가 불끈 쥔 주먹으로 배의 옆구리를 쥐어박아서
배 안이 온통 난장판이 되었다는 카톡이 전해온다

천진항 앞바다의 일출이 천진한 아이들의 웃음 같
다는 말
톡으로 온 사진을 열어보는데 내 눈에 먼저 들어오
는 것은
멀리 가물가물 나는 갈매기 같은 수 척의 배들이다

철썩이는 파도가 당신께 어서 가라고
엉덩이를 두드린다는 그이의 익살이
카톡을 타고 수만 리 바다를 건너왔다

눈 뜨면 담장 너머 바다부터 보는 버릇이 생겼다

전파가 미치지 않는 바닷길 오가는 시간은 묵언수
행이라며

바람도 잔잔한 해역에 떠 있는 작은 섬들의 이름을
불러줄 때면
나도 지도를 더듬는다
병풍도 앞을 지나고 있다는 그의 목소리에 안도하며
나도 뱃길에 좌표를 그린다
가시밭길 바다에 그의 열정을 닮은 태양이 떠오른다

그이는 항해 중

오늘은 텐진으로 항해를 떠난다

이른 아침 공기가 신선해요

그대가 가르는 물살도 길을 내며

가시는 곳 어디라도 길을 내어줄 테지요

바다 언어는 어떨까요

바다도 나무처럼 계절마다 옷을 갈아입는지 궁금해요

지금 11월의 바다는 가을 색일까요

파도는 부딪쳐서 부서져야 하고

바람이 불어야 파도가 일고

헤어져야 우리 또 만날 테지요

이제 그 만남이 날마다 기다려질 거예요

단춧구멍 속 바다

내 남자의 눈은
작아서 단춧구멍 만하다
그 작은 눈이 세계의 너른 바다를 누비고 다닌다

지금은 태평양을 지나가는 중이란다

나는 그 단춧구멍 속 바다에
조용히 발을 담근다 물결이 출렁인다
그의 숨결이 느껴진다
지금 내 마음도 그 눈동자 속 바다를 따라
끝없는 항해를 시작한다

쉼표

수평선과 하늘이 맞닿은 선상에 머무는 뱃사람들

지구 반 바퀴 돌아 사흘 휴가 온 내 남자

태종대 오션플라잉 테마파크에 올라
찻잔 앞에 놓고 휴식하는 배들 즐비한
남항대교 앞 묘박지를 함께 바라본다

세 시간 후면
세상에서 가장 너른 일터로 돌아갈 남자

지구를 돌고 다시 돌아오는 날
그의 쉼표가 되는

나

바다가 몸살 하는 날

바람이 갈기 세우고 들판을 헤매는 날
바다도 고슴도치처럼 살갗을 세운다
내가 밤새 바람 소리에 귀를 세우고
밤을 지키는 것은
내가 사랑하는 사람이 저
가시투성이인 바다에 있기 때문이다
둥글고 편평한 배를 밀어 성난 가시를 뭉그러뜨리고
앞으로 앞으로만 나아가는 사람이 그곳에 있어서다

바다 택배

바다 살이 하는 그
소소하게 요청하는 게 많다

양파즙
홍삼즙
반소매 셔츠 두 벌
수건 네댓 장

택배 보낼 준비를 한다

짐을 싸고
떠나보내면
바다처럼 크고 넓은 세상 하나가
내 가슴을 안고 사라진다

그리움은 늘 내 몫이다

비 맞은 접시꽃

소설小雪에
바다에 갔다가
소만小滿에 돌아온 그이

노는 것도 지쳤는지
또 바다로 간다

말복 더위와 함께 떠나가던 날
옷 가방 몇 개 싣는 사이
천둥번개가 치고
바람에 늘어진 접시꽃이 휘청이는데
차창을 가로막는 물줄기를 헤치며
옷이 흠뻑 젖은 채 떠난다

비 맞으면서도 접시꽃이 핀다

어둑해진다는 것은

하루 종일
비 맞고
우두커니 서 있다

한나절 내내 부는 바람
고개조차 내밀지 않는다

한밤중 각중에 비워진 둥지

그이 떠나고
허물어진 마당가를
혼자 밝히는 접시꽃 한 송이

저무는 마당가
우두커니 앉은 개 한 마리
말이 없다

일 년 만에 돌아온

그가 떠난 저녁

어둑해질 때까지

내 눈이 길 끝을 붙잡고 있다

절 받는 글자 고기

팔월 초아흐레 자시子時
가부좌를 튼 문어가 제사상에 앉았다

어물전을 탈출한 문어가
그물에 잡혀 온 듯 바다를 향해
그물 무늬 영상을 송출하고 있지만
몸빼바지 아줌마의 고무장갑 낀 손이
민머리를 움켜잡자
있는 힘을 다해
바닥에 납작하게 빨판을 밀착시키고
새파랗게 질린 얼굴로 애원한다

내장을 쏟아내고도 꿈틀거리는 것을
용솟음치는 물속으로 구겨 넣자
터져 나오는 비명
맹렬한 힘으로 여덟 개 다리를 비튼다
푸른 바다의 기억으로 하늘을 헤엄쳐 봐도

몸을 휘감는 뜨거운 물을 벗어나지 못하고
벌건 몸을 일으켜 솥단지를 엎으려 한다

하지만

들썩이던 솥뚜껑이 내려앉고
해무가 피어오르자

페이드 아웃

죽은 생명을 보고 혀를 차는 사람은 없다
녀석을 반기는 건 사람들의 군침이다

트로트

막걸리 한 사발만 들어가면 영락없이 흘러나오는
가락
때와 장소 불문, 그런 사람 하나 있다
때론 민망하기도 하고 짠하기도 한
그 사람은 늘 기분이 좋다
노랫가락에 청춘을 모두 삭여낸 담백함이 있다
그 사람은 큰 배를 타고 파도와 맞서기도 하고
뛰어넘기도 하며 파도와 나란히 달리기도 한다
외로움 한 사발 담긴, 절절한 연서가 가끔 택배로
온다
동에서 서로, 서에서 동으로 해와 달을 따라
물 위를 사분의 사 박자로 달린다
갈매기와 바람이 전하는 뭍의 소식을 들으며
바다 세계를 여닫는 것이 그가 살아가는 방식이다
온몸 울리고 나오는 그의 소리는 파도의 울음이다,
고기의 춤이다

뻐꾸기 소리

이불 빨래로 팽팽한 빨랫줄
마른하늘에 천둥번개가 하늘을 두 동강 낼 기세다

주먹만 한 빗방울이 먼지를 일으키며 마당을 구른다
실성한 사람처럼 뛰어가 이불을 마구 잡아당긴다

혼을 쏙 빼놓던 난타 공연이 시들해지자
발음도 정확하게 연신 누굴 찾고 있는 뻐꾸기

반쯤 목이 쉰 소리에서
등이 휜 어머니가 얼핏 떠올랐다 사라졌다

폭염 속 질주

아스팔트가 펄펄 끓는
윤유월 한낮
고속도로를 달린다

창을 열면 매연의 한증막
창을 닫으면 건식 사우나,
숨이 턱 막힌다

미처 생각 없이 탄 손님,
괜히 미안해서 낯이 뜨겁다

어제 채운 에어컨 가스는
한낮의 열기에 목이 막혔는지
숨조차 내쉬지 못한다

사십만 킬로를 달린 너,
삼십 팔도의 열기 속

덜컥, 숨이 멎을 듯 헐떡인다

너도 참 많이 늙었다

항아리

어머니가 남기고 가신 장독들을 새로 놓는다
많은 항아리 중 눈이 가는 큰 항아리 네 개,
그 중 두 개는 실금 간 항아리
어느 날 퇴근해서 돌아오니 고물 트럭이 항아리를
신고 있다
큰 항아리 두 개를 이십만 원에 팔았다고 한다
웬일인지 부아가 치밀어 돈을 낚아채서 돌려주고
항아리를 도로 내렸다
어머니는 손때 묻은 것들은 말없이 보내는 법이라
하셨다

나는 마당을 향한 부엌문을 열면 햇살에 반짝이는
장독대가 좋았다
비에 젖는 항아리는 더 보기 좋았다
어머니는 농사지은 참깨를 보관했으나
지금 그 독 안엔 낡은 플라스틱 반찬통들로 꽉 들어
차 있다

그 옆엔 소금이 반쯤 담겨서 굳어버린 소금항아리
옆구리가 저리다
긴 세월 반듯하니 용케 서 있어서 감쪽같이 속았다
돌이 된 소금을 긁어내고 다른 용도로 궁리 중이다

어른들이 안 계신 집
식구도 줄어들고 왕래도 없으니 소금단지도 작은
것으로 바꾸었다
손때 묻은 항아리는 작지만, 그 품은 참 넓다
어머니처럼

뱀파이어와 진드기

눈두덩이 속눈썹에 붙은 통통한 콩알 하나
잡아당겨도 안 떨어져 재차 당긴다
가죽으로 된 단단한 주머니 속에 끈적한 피가 가득
찼다
발 놋 하는 춘양이* 녀석 눈두덩이에 피가 뻘겋다

티브이 영상 속
에콰도르 해안에서 약 1,000km 떨어진 곳
갈라파고스 섬에 나스카부비가 가만히 있다
풍금새가 기생충을 잡아주는 줄 알고 있으나
풍금새는 깃털에 상처를 내어 흐르는 피를 먹는 중
이다
처음엔 기생충을 잡아주다가
피 맛을 본 풍금새가 아예 상처를 내고 피를 먹는다
피 냄새를 맡고 풍금새들이 몰려온다
모기가 나에게 달려들 듯이

풀밭에서 좋다고 한바탕 휘젓고 온 날

　귓불에 붙어 보이지도 않았다

　피를 빨아먹고 몸이 검은 콩알이 되면 하얀 털에 모

습을 드러내는

　네 뱀파이어는 진드기

　내 뱀파이어는 모기

* 춘양이 : 고향 봉화군 춘양면의 지명을 붙인 개의 이름.

피자가 된 넓적다리

밤에 곤하게 잘 때 오래 묵은 지네가 다리를 물었다
밤새 넓적다리에서 구워지고 있는 피자 한 판
부끄럽고 창피하여 말도 못 하고 참고 있으니
시간이 지날수록 얇은 피가 두툼하게 부풀어 오른다
벌겋게 달아오르더니 점점 붓고 피멍이 든 것처럼
푸르둥둥하다
잠결, 손끝이 날카롭게 할퀸 자국을 펼쳐 놓으면
가렵고 쓰린 통증이 녹은 치즈처럼 흐르고
토핑의 컬러를 바꾸어 가며 잘근잘근 씹어대는 입술
아직 지네의 얼굴을 못 본 터라 몹시 궁금하다

오래 묵은 집에는 늙은 지네가 산다

곤히 잠든 밤 이마에 발자국을 남기거나
스산한 소리로 한 무리 발을 끌며 피자 먹으러 온다

2

참깨 한 됫박

참깨 한 됫박

먹구름이 온 땅을 뒤덮고
하늘은 금방이라도 깨어질 듯
땅을 두 동강 내고 말 기세다

어머님 마음 바다에는
파도가 격랑을 친다
다듬잇돌에 방망이질하듯
두 손은 깻단을 두드리고

무섭다며 집으로 가자고 재촉하는 며느리에게

"내사 벼락 맞아도 까딱없다
며느리 니나 어서 가라카이"

추석날
친정 가는 며느리 손에

장독 속에 고이 간직해온 참깨 한 됫박을 쥐어주며
"첫물이라 고소할 끼다 사돈 갖다 드려라"

어머님 손등이 장마철 하늘처럼 검다

개똥벌레

추석 무렵
내 가난한 마당가 풀섶
꽁무니에 깜빡깜빡 끊어질 듯 이어지는
한 무리의 불빛이 날아들어 서성댄다

안동에서도 한참 두메인 춘양에서
나를 찾아 먼 길 왔는가

어두운 창가, 방충망에 앉아서
나의 안부를 살피는 건지,

여름밤, 산골 집 마당을 뛰어다니며 잡은
개똥벌레를 건네며
꼭 나한테 장가들 거라던

그애가
몹시도 그리운 오늘은

초저녁
별빛이 따뜻하다

골목

길을 잘못 든 날
기다랗게 꼬리를 물고 이어지는 세상 속으로
걸어간다
대문 밖을 뛰쳐나온 애기 소리가
길게 골목으로 모인다
아이들이 목청껏 떠들며 웃는 소리

길 저쪽에서 누군가 온다
피할 곳을 찾지 못해 망설이는 내 곁을
대파 봉지와 함께 납작하게 스쳐 가는
골목 끝 나무 대문이 반쯤 누운 집에서
삼겹살 구이 냄새와 터져 나오는 웃음보에
골목 안이 따뜻하다

오랜만에 만난 추억의 골목길
어린 시절 뜀박질이 골목을 내달린다
아이들과 몰려다니며 어린 동생을 떼어놓으려고

냅다 뛴 골목 끝에서 아버지한테 붙잡혀
싸리나무 회초리로 맞아본 그 얼얼함을
훈장처럼 종아리에 달고 다녔다

고개를 들자 파란 하늘이 길게 흐른다

반쯤 열린 대문 안
처마 밑을 가로지른 줄에
올망졸망 매단 주머니마다 채워진 인정

정겹다

간사지

겨울 바다 갈대숲, 그 숲에
한철 터 잡은 새 떼 소란스럽다

속살거리는 갈대에 매달려
바람과 한 몸 되어 누웠다 일어선다

한 떼의 청둥오리가 책장을 넘기듯
물비늘 위로 내려앉는 간사지

한 줄기 거센 바람이 갈대숲을 흔들 때
철새들 지청구에 삼킨 울음 쏟아낸다

귀를 열어주는 만 평 간사지 갈대숲

지는 해가 하늘 가득 노을만 펼쳐 놓았네
붉은 울음 펼쳐 놓았네

양조장 가는 길

시원하게 뻗은 도로 양옆으로
한껏 키를 세운 옥수수, 꽃을 피웠다
옥수수밭 밀림 속 지나
주 1회 막걸리 사러 가는 사람이 우리 집에 있다
밀림 속에만 가면
무엇에 홀리든지 범칙금 고지서가 날아온다
같은 곳에서 네 번째 과속이다
통영 도산막걸리는 마트엔 없다
2리터짜리 세 병이 만 이천 원이다
나는 물도 쓴데
그는 막걸리가 달단다, 술술 넘어간단다

말복

형체 없는 불덩이 하나 공중에 매달렸다

뜨거운 매미 울음에
꽃도 나무도 시들고
오후 두 시를 알리는
괘종시계 소리도 길게 늘어졌다

사랑채 마루 밑
헐떡거리는 백구의 혀는
여름 낮보다 길다

뒤란 참대 숲에서 보내는 비둘기의 구급 신호에
새파랗게 질린 채 떨어지는 땡감 소리
어린 강아지들은 세상모르고 잠이 들었다

더위에 발효된 여름이
가끔 매미의 울음을 끊어먹을 땐

어미개의 가쁜 숨소리가 더욱 불안해진다

혓바닥에 고인 침,

뭉텅 쏟아져 내리는 말복날 오후다

바람이 족보를 읽다

수십 년 만에
꿉꿉한 몸으로 외출 나온 조상들
담장 위에 가부좌를 틀었다
수염 쓸어내리는 큰기침에도
아무도 거들떠보지 않는다

날아갈 듯 몸이 부풀어 오른다
뿌리가 드러나니 큰 가지, 잔 가지
열매도 무수히 많이 열었건만
그런 건 모르고 산 지 오래인 세상
반나절 햇볕이 훑고 간다

환한 햇볕에 가벼워진 도포 자락
바람이 달려와 굴렁쇠를 굴리며
일일이 호명하는 소리 담장을 넘는다

그림자로, 조바심으로
대대로 곳간을 지키며 살다 간 여인들이

세상이 밝아졌다며 담담하게 선다
족보가 바람에 담장을 넘어갈까 조바심하던 나는
떨리는 가슴으로 족보를 모신다

밥상

증조할아버지의 밥상 몰래 흘깃거린다
고등어구이 한 점 남기셨나
언제쯤 수저 내려놓으시려나
외씨버선길 재 넘어온 유일한 생선,
간고등어 구워
첫째 토막은 증조할아버지 상에 올리고
둘째 토막은 아버지와 삼촌 상에
꼬리는 두 동생과 내가 나누고
석쇠에 바싹하게 구워온 대가리는 언제나 엄마 차지
대가리가 제일 맛있다며 뒤통수에 붙은 살점을 떼어,
내 밥숟가락에 얹어주는 엄마
고등어 한 마리로 일곱 가족이 나누어 먹던
봉화 우구치

증조할아버지가 먼저 수저를 드신 후 수저를 들고
할아버지가 수저를 내려놓기 전에
먼저 수저를 놓을 수 없는 가풍이 살아 있던 고향

식구들이 둘러앉아 먹기에 비좁던 두레 밥상,

어느 순간부터 책이 하나둘 쌓이더니

이젠 밥 대신 책이 쌓여 방 한 귀퉁이에 앉아 있고

개다리소반은 프린터 받침대가 된 지 오래되었다

찻상 위는 사전이 차지했다

식탁한테 밀려난 밥상들이 방으로 들어와

새 자리를 잡고 있다

바나나와 쥐

생쥐가 발가락을 갉아 먹는다
다리를 편다
다리를 펴는 순간 쥐가 자라난다
종아리 옆을 타고 올라온다
발가락 근육이 경직된 나는
잠결에 모른 척 버텨보지만
생쥐가 한밤중에 나를 벌떡 일으킨다
장작개비가 된 다리
상비약 같은 수지침으로 암벽 속에 숨은 쥐를 찾아
따끔하게 일침을 놓는다
오, 제발
제사상을 받으시는 조상님들
저를 이 지옥에서 구하소서
핏방울조차 맺히지 않는 암벽에
쥐들이 천천히 물러가는 새벽 세 시
시아버님 제사상에 놓을 바나나 하나
툭 떼어 먹는다

불개미

관공서 대리석 바닥 틈새
엉겨 붙은 황갈색 불개미 떼

노란 옥수수 알
하나
공중에서 들썩거린다

우주를 움직이는 건
저 작은 생명체일지도 모른다

허릿살 두꺼운 내 옆구리
따끔거리는 통증을 들추어 본 순간

이미 크고 둥근 지구 하나를 매달고
미닫이문을 넘고 있는 불개미 한 마리

위풍당당하다

비 오는 날 오신 손님

잎 넓은 상추 잎사귀에
푸른 물감으로 수채화를 그리던 달팽이

보슬비 며칠째 내리는 날
달팽이 가족이 주방을 기웃거린다

아무리 뒤져도 먹을 것이 보이지 않았던지
욕실로 옮겨 앉았다
수도꼭지를 잡기도 하고
칫솔 검사도 한다

잎 넓은 채소 잎사귀에
아침 이슬이 구를 때

밤사이
유리 벽면 가득히 해독할 수 없는
암호만 잔뜩 남기고 남새밭으로 유유히 사라졌다

새벽기도

적막을 깨우는 저 종소리

천국의 소리인가

빌뱅이 언덕에서 울리는 소리인가

한때는 소외받은 가슴들 적시는 소리

풀과 돌멩이 풀벌레 강아지가 듣고

나뭇가지에 잠자는 새들도 듣는

빌뱅이 언덕* 새벽 종소리

천국을 아는 사람들이 잠든

성전 마을에 울려 퍼진다

잠자던 몸 꼬물꼬물 일으켜

바람 들어갈세라 꽁꽁 여민 노인네들

새벽기도 나설 시간

나도 새벽 출근을 서두른다

* 빌뱅이 언덕 :『강아지똥』의 저자 권정생 선생의 「빌뱅이 언덕」에 나오는 안동 사투리로 별맞이 하는 언덕이란 뜻임.

아토피

나무를 긁으면 소쿠리 가득 떨어지는 핏빛 앵두 알
손톱에 핏물이 맺혀요
목덜미며 옆구리에 앵두가 탱글탱글 익어가는 중이죠
뒤란에서 아무도 모르는 사이
저 혼자 수줍게 익은 앵두

라면은 절대 금물, 감시하는 엄마
몰래 먹는 라면 맛은 기가 막히지요

엄마가 앵두를 따요
바닥에 떨어질까 봐 소쿠리를 받쳐요
다닥다닥 붙은 알갱이를 한 알씩
조심스레 문지르는 것이 엄마만의 방식이죠

그 옛날, 앵두나무는 왜 우물가에 심었을까요
빨간 물이 톡 터져 입안 가득 침 고이는
우리 집 앵두나무도 우물가에 있어요

내 몸을 덮은 앵두는 목이 마르면

화를 내며 붉게 익어갑니다

앵두가 익을 무렵이면 윗마을 새댁 둥근 배를 안고

앵두 따러 왔지요

나는 엄마 뱃속에서 앵두를 먹었을까요

앵두가 익어갈수록 내 배가 자꾸 불러옵니다

어머니의 텃밭

푸른 시절, 서러운 독에 중독된 어머니
밭둑에 엎드려 해를 보내고 달을 맞이하면서
팔십 평생 독기를 풀어내는 동안
풀들은 무서워 고개조차 내밀지 않았다

텃밭을 오가며 풀한테 독기를 모두 쏟아내는 바람에
더는 할 일이 없어졌다
마음도 몸도 가벼워져 갓털이 된, 어머니
바람에 실려 가기 좋은 날
꽃씨 심기 좋은 곳으로 날아갔다

이제 제 세상 만난 들풀들 보란 듯이
덩굴손을 감아 꽃을 피우고 풀씨를 터트리며
새와 나비와 벌들을 부른다
흙 속에선 두더지가 비트와 고구마 속을 둥글게 파먹고
밤이면 반딧불이 풀숲에서 날아와
포물선을 그리다 잠들면

하얗게 핀 부추꽃은 이슬을 머금어

물빛으로 반짝인다

악몽

등짝을 뚫고 솟아오를 것 같은 대나무를 벤다
장독대를 돌아 마당 구석까지 점령한 대

하룻밤 사이 한 자도 넘게 자라는 죽순
하늘을 찌를 듯 솟아 있다

어깨를 손보는 동안 미처 발견하지 못한 것을
겨우 베버렸으나 시퍼렇게 살아있는 뿌리

뒤란으로 돌아가니
작고 야문 대가 소복하게 무더기로 자라고 있다
베어버려도 죽지 않고
잡아당겨도 꿈적도 하지 않는 저 기상은
아버님을 닮아서일까
자고 난 그이의 이마에도 까만 죽순이 돋는다
방 구들도 봄을 기다리며 달싹거린다

엄마와 황소

갑자기 천둥번개가 치고 소나기가 퍼붓자
들판에 매어둔 소를 몰러 갔다
황소가 엄마를 보자 뿔로 떠받으려고 날뛰었다
두 번 세 번 가도 소가 엄마를 몰라봤다

아버지가 출타하면 엄마가 아버지의 옷을 입고
모자를 쓴 후
바지게 작대기를 잡고 소를 몰러 갔다

엄마를 아버지로 착각했는지 소는 순순히 따라왔다

여자를 물로 본 것인가 그게 아니라면
낯선 사람을 절대 따라가면 안 된다고
아버지가 세뇌시킨 게 분명하다

엄마의 집

등에 질통을 메고 사는 동안
척추는 늘 휘어져 있었다

모래와 시멘트를 물로 섞은 무게가
평생 등과 어깨를 짓누르는 동안
어머니의 계절은 언제나 여름이었다

엄마의 손길이 닿아서 완성된 등대가
배불러 돌아오는 배들의 길이 되었다

시퍼런 멍투성이의 몸을 끌고
집에 들어서면 캄캄한 방안 TV 앞에
까만 눈망울들이 어둠을 밝히고 있었다

콘크리트 벽처럼 단단한 엄마의 등에 뿌리내린
일남 삼녀, 봄이 올 때마다
새순이 기지개를 켜듯 환하게 피어났다

무너진 엄마의 척추 틈새로
집 하나 새로 솟아나 있었다.

아버지의 집 한 채

고향 떠난 후로 변변한 내 집 한 채 없이
광산 판으로 나돌던 아버지
객지 울산에 식구들 짐짝으로 부리고
귀족 병이라 놀고먹어야 한다는 당뇨 덕에
어머니를 온갖 일용직 공사판으로 내몰던 아버지

환갑 두어 달 앞둔 어느 날 밤
두 분 다정히 티브이 보시고 잠자리에 드신 밤
하늘이 준 복을 받아 고요히 가셨습니다

살아생전 지고 가라면 못 지고 가도
먹고 가라면 술을 마다하지 않았던 아버지
푸른 바다 일렁이는 밀밭 위에 모셨습니다
죽어서 용광로에 들어가는 것은
두 번 죽는 거라며
화장만은 절대 시키지 말라고 한 뜻 받들어
고향 집이 훤히 내다뵈는 언덕에

새집 한 채 장만했습니다
꾀꼬리 울 적엔 참꽃 개꽃 벗 삼아 꽃놀이 하시고
가을이면 머루 다래주에 송이버섯 안주도
잘 챙겨 드십니다

오늘은
살아생전 유별나게 좋아하셨던 장인어른과
술친구였던 큰 처남과 나란히 앉아
붉게 익어가는 저녁노을 병풍 삼아
장기판을 벌이셨는지요

얼굴도 못 본 사위가
삼복더위도 마다하지 않고 달려와
살아생전 좋아하던 소주잔 가득 부어 올리니
멋쩍은 얼굴의 아버지
어험, 큰기침을 합니다

오마르 카페

연탄을 가운데 놓고 잘라 먹는다
활활 타올라 재가 된 연탄
안에서 부드럽고 달콤한 크림이 흐른다

한밤중에 불씨를 지키려고 연탄을 간다
너무 달구어진 연탄은 달라붙어서
꿈쩍도 하지 않는다
빙판길 위에 내동댕이쳐도 부서지지 않는 연탄재

젊은 날 한때 물과 불을 모르던 때

3

비둘기 울음에서는 대숲 냄새가 난다

감식초

벌레 먹은 풋감이 떨어진다
온전히 벌레의 몫이 된다
오래전 엄마가 요강에 앉아 쏟아내던 썩은 풋감

풋감이 떨어지기 전
몽땅 따서 아름드리 항아리에 봉한다
풋풋한 떫음이 항아리 속에 잠기면
썩을 수 없는 기억마저 발효가 된다

떨어지는 풋감을 먹고 싶어
오지랖 터지도록 주워 담아 시커먼 감물 들어
혼났던, 떫어도 예쁘기만 한 풋감

어둠 속 서서히 발효되어 깨어나는
시큼달콤 감식초 한 방울

된더위

연일 불구덩이 가마솥

고추도 빨갛게 익고
사발도 구워내는데

종일토록 매달려 주무르는
시 한 편 언제쯤 익어갈까

엉덩이에 땀띠 꽃 핀다

김칫국 마시는 토요일

50 대 50
세금 공제 후
반절 나누기로 한다

바다가 직장인 그
간밤 꿈이 좋다며
계약서도 없는 어마어마한 액수를 제시하여
여섯 단위 숫자 마킹 심부름을 하기로 한다

혹시 실수로 엉뚱한 숫자에 마킹할까봐 손을 떨며
내 몫으로 두 장 더 만든다

갑자기 수억의 돈이 생긴다고 생각하니
가슴이 두근거리고 들떠서 아무것도 할 수가 없다
직장은 그대로 다닐까
예쁜 정원 딸린 집에서 여생을 보내는 상상을 하며
생각지 않았던 돈을

어디에 써야 할지 막상 떠오르지 않는
행복한 몇 시간이 금방 지나가고
추첨을 하는데, 하나의 숫자도 안 맞는다

사발째 김칫국을 마신 날이다

비둘기 울음에서는 대숲 냄새가 난다

또 운다, 저 비둘기
하늘 뚫고 솟은 대숲
구름을 훔치는 비질 소리
비둘기 통곡 소리
빨래를 널고 있는데 비둘기가 운다

엉킨 대나무를 베어서 잡아당기던 중
반쯤 허물어진 집을 보았다
아뿔싸, 큰일 났다 싶어
조심스레 일을 마무리하고 나니
어디서 지켜봤던지 비둘기 한 쌍
번갈아 가며 가지에 앉아 고개를 갸웃거린다

바람이 와서 남은 집마저 날려버렸다
숲을 흔드는 비둘기 울음소리
아침부터 잿빛 얼굴로 와서
집을 내놓으라는데

비둘기가

어쩌지

딱따구리 집

내 머릿속 딱따구리 한 마리
집을 짓고 있다

버선코마냥 알싸하고 달콤한
신혼 때부터 시작된 설계도

자유를 구속당한 내 머릿속 한편을
날마다 쪼아대는 저 부리

딱따구리 부리가 나무를 두드릴 때마다
내 관자놀이 속에서도 작은 숲이 울린다

편두통이 시작되면
아무리 좋은 것도 귀찮을 뿐

단단한 부리가 뭉그러져도
깃털처럼 가벼운 날을 상상하며

편두통에 특효라는 말에
지인의 레시피로 마늘장아찌 담근다
꿀 마늘장아찌 한 숟가락 우물우물

두통보다 더 맵다

모기가 심은 백일홍

얄궂다
대체 무슨 원한이라도 있는 걸까
썩은 생선에 쉬파리 끓듯
얼굴만 내밀면 창을 들고 덤빈다

장마가 온다고 하여
미루었던 코끼리 마늘 캐러 나갔다
뽑히지 않는 마늘과 씨름하는 잠깐 사이
수십 방의 모기 공격을 받고
엉덩이 벌집 되어 도망 왔다

집안까지 끈질기게 쫓아온 서너 마리
사람이라면 원수도 이런 원수 없을 터
철천지원수라도 이렇게는 안 할 터인데
그 집요함은 사람보다 더 했다

한참을 물리고 나니 온몸에 꽃밭 하나 생겼다

모기의 창이 꽂힌 자국마다 피어나는 백일홍
거울 속 내 얼굴 한 송이 꽃으로 피어났다

민어, 택배로 온 저녁

붉은 혀를 십 리나 빼물고 죽었다
죽는 것이 얼마나 힘든 일이기에
이토록 긴 혀 내밀었나

수돗가에서 민어를 다듬는다
투명한 눈
탄탄한 살갗을 덮은 겹겹의 세월 벗겨내니
드러나는 부드러운 속살
민어 세 마리

그 옛날
임자도 앞바다의 민어 떼 울음소리 들려온다

통영 중앙시장
관광버스 줄 늘어지고
펄떡거리는 고기들 눈 돌아간다
사람들이 북적거리는 좁은 골목,

도마 위에 번들거리는 고기

주둥이를 내려치고 아가미를 따고 피를 뺀다

입안의 침이 출렁거리는 시장통

밤이면 어깨를 쪼는 새가 있다

어두워지는 것이 무섭다
밤이면 새가 쪼지 못하게 모로 눕는다
얼른 잠의 문으로 들어가는데
새가 콕 하고 부리로 쪼았다

뼈마디에 살고 있는 새의 먹이
밤마다 먹이를 먹기 위해 찾아오는 새는
낮잠을 잔다
그 새가 나뭇가지 위에 앉아서 자는 모습은
아무도 본 적이 없다

마을 사람들은
보이지 않는 새가 있다는 것을 다 안다

새에게 어깨뿐만 아니라 무릎을 쪼인 적도 있다
밤새 날카로운 부리로 쪼아대는 통에
잠의 문밖에서 무릎을 쓰다듬어야 했다

새가 배를 채우고 나면
팔이 멈춘다 걸음이 멈춘다
큰 둥지를 틀고 들어앉은 새
새가 난다
또 밤이다

난관

아프리카 어느 마을엔
골짜기의 개울을 건널 때
등에 돌 하나씩 짊어지고 간다

급류에 휘말리지 않게
일평생 내 징검돌이 되었던 아버지

세상살이 건널 때
고래 같은 대어 한 마리 가슴에 품고
물살 헤쳐 나간다

꽃을 오래 보기 위해

벽틈

긴 세월 단단히 고정된 채 살아온 벽이 있다
며칠 밤낮 퍼붓던 장마를 먹은 욕실 타일 벽이
조금씩 틈을 연다 빗물이 새어 나온다
미는 힘과 버티는 힘이 팽팽한
한 장 건너 경계마다 물을 뿜는다
아담이 여자를 위해 갈비뼈 하나를 내어주듯
헐거워진 경계를 넘나들며 스스로를 허무는 흙과 뼈
맑은 물과 흙이 섞여 우리가 된다
묵은 앙금 풀어진 물속
손 맞잡은 세상 하나 신기루처럼 우뚝 일어선다

별들의 야근

허름한 이름의 별들이 철판을 깁는다

밤 11시가 넘도록 야근을 하고
벌집 같은 쇳덩이를 벗어나면
두꺼운 방염복 안에서 땀 범벅된 몸
김을 쏟아내는 시간
그제야 깊은 숨 몰아쉰다

금가루를 쓸 듯
쇳가루를 고운 붓끝으로 쓸어 담을 때
별들도 내려와 그 어두운 쇳덩이 안을
환하게 비춰준다

날카로운 철판이 송곳처럼 깔린 벌판
강렬한 섬광으로 번뜩이는 용접봉
이불을 꿰매듯 철판 틈새를 훑고 지나가면
별똥별처럼 떨어지는 용접 똥

무거운 철판을 자르고 붙이고 펼 때마다
어깨와 발밑을 비추며 잠을 쫓던 별빛들
밤새 철판에 엎드려 별빛을 뿜어내던
야간 근로자들의 얼굴 별빛에 바래 하얗다

모자이크처럼 맞춰진 쇳조각들이
하나의 거대한 배가 되어 바다로 나간다

예지몽

넓고 잔잔한 호수
멋진 소나무에 학이 있고
맑은 물에 잘생긴 남자가 있다

넋 놓고 보는데
복숭아를 던진다
야구공만 한 복숭아가 직구로 날아온다
점점 커져가는 복숭아
내게로 온다

어라
받을 준비도 안 된 내게로 온다
한쪽이 빨그스름하게 익기 시작했다
이팔청춘이다

강둑에 서 있는 내게
직구로 날아오는 동안 볼링공으로 커져 버린 위력

꼿꼿이 선 채 두 팔을 곧게 뻗었다
온몸이 퉁기듯 꽉 잡았다

그이를 처음 만나기 전날 밤이었다

보풀꽃

보풀꽃 피었다
논 가장자리에
하얗게 꽃잎 일어 바람에 수줍다

나른하게 닳아 늘어진 스웨터
이름표를 단 것일수록
보풀꽃이 사납게 일어선다
올해만 입고 버리지, 한 것이 몇 년째
다있소
오천 원짜리 보풀 제거기도 있건만
보풀은 편안하고 나른하다
자잘한 꽃잎 지고 나면 동그스름 보풀이 맺힌다
보풀이 뭉치면 초록이 된다
둥글고 단단한 보풀
잠가놓은 폐허에도 보풀이 자라
어머니 손끝처럼 닳고 닳은 꽃이 핀다

청낭자

점심시간, 산책 중에 만난
삼억 이천만 년 전 잠자리의 후손
밀잠자리 한 마리
작은 연못가 붓꽃에 걸터앉아
수천 개의 눈을 열고 선잠 들었다

혹 지나가는 바람이 깨울까 봐
뒷걸음으로 물러난다

스토킹

수년 전부터 가끔 다리를 오르내리는 쥐가 있어
겨울밤이면 둥지를 천장에 틀듯
운전할 때면 스멀스멀 종아리로 기어 올라오지
처음엔 밤에만 가끔 한 번씩 오더니 밤낮이 따로 없
어졌어
한 십여 년째가 되어가니 아예 살림을 차렸지
이젠 기지개를 켜는 것도 두려워
잠을 자다가도 장승처럼 벌떡 일으켜 세우면 꼼짝
없이 복종을 해
한번은 구겨진 발이 바닥에 닿지 않아서 뒤뚱거려
야 했어
점점 찰싹 달라붙는 두려움으로 잠을 설치던 날이
잦아졌지
시달리다 지친 나머지 쥐가 다니는 도로를 차단해
버리기로 마음먹은 날
나는 '편하지'에 갔어

의사는 초음파로 쥐가 다니는 도로를 한참이나 샅
샅이 훑은 다음

큰 정맥 하나를 빨간 풍선처럼 부풀려서 레이저로
불태워 버렸어

이제 깊고도 먼 흔적만이 전기에 감전되듯 가끔 저
려오곤 해

어설픈 한 편

한 잔의 차를 들고 책상 앞에 앉는다
글이 막히면 부엌으로 가 냉장고를 연다
재빠르게 스캔하고 먹을 것을 꺼낸다
단어가 떠오르지 않을 땐 빨래를 한다
어휘력이 떨어질 때면 인물 사진을 본다
글이 막히면 마당에 나가 백구하고 공놀이를 한다
그러다가 아예 잊어버리고
호미와 낫을 들고 장화를 신으면
풀 천국 텃밭으로 가 폭군으로 돌변하여
풀밭에 횡포를 부린다
풀섶에 보초 서던 모기 떼에게 실컷 당하고
쫓겨와서 옴 걸린 사람처럼 긁어대며 샤워를 마치고
책상 앞에 다시 앉는다
몇 번이나 냉장고 문을 여닫는 사이
홀쭉하던 배가 차고
배처럼 두루뭉술한 글 한 편,
여태 이러고 있다

외로움이 소리를 키운다

긴 겨울
티브이 소리에 머리가 띵하다
시도 때도 없이 울리는 티브이 소리
확성기를 틀어놓은 듯 고막을 울린다
귀가 어두운 어머니가 방에만 들어서면
영락없이 퍼지는 확성기 소리
잠시 후 깊은 잠 드신 것 같아 티브이를 끈다

끄지 마라 내가 본다

또 울려 퍼지는 확성기 소리
이번엔 볼륨을 한 칸씩 줄인다
아주 끄지는 않고

세상이 조용하다

그대 오시는 날

저 비 한번 실컷 맞아봤으면
소나기 퍼붓는 길을
우산도 없이 일부러 나설 수는 없다
푸른 하늘 뽀얀 물개 구름 아래
강둑을 걷다가 가랑비가 온다면
점점 굵은 빗방울로 내린다면
그대 못 이기는 척 젖고 싶다

비 오는 날 학교 현관에서 기린 목을 하고
엄마를 기다리다가 소나기에 젖어 울면서
집으로 오던 초등학교 시절이 그리워,
이제는 기다릴 엄마도 없는 나는
한 번씩 장대같이 퍼붓는 비를 맞으며 걷고 싶다

그냥 비에 흠뻑 젖고 싶은 것이다

4

금창초

강아지는 사람을 읽고

내가 알아채지 못할 때도
나만 바라본다
나만 뚫어지게 바라본다

책을 읽다 무심코 내다본 마당
여전히 나에게 꽂혀있는 눈동자
맑고 순한 저 눈빛은
어디에서 온 걸까

춘양, 하고 부르면
문 앞에 와서
복스럽게 말아 올린 꼬리 흔들며
온몸으로 웃곤 하는

나는 책을
내 마음을 읽는 춘양이
가을이 무르익는다

구절초꽃

환한 대낮에도 별빛이 되는
구절초

강둑에도
길섶에도
고추밭 언덕 참죽나무 그늘에도

총총 박힌 청아한 별빛으로
피어나는
어머니의 환한 웃음

하늘 푸른 가을일수록
내 눈 가득 고이는
그리움

까마중이 익는 길

햇살이 부드러운 아침
강아지와 산책한다

풀잎이 스치기만 해도 흠칫 놀라며
이 세상이 처음인 듯 호기심으로 반짝이던 눈동자
언제나 내 얼굴을 올려다본다

우리 집에 온 지 석 달째가 되자
풀밭에서 개구리가 튀어나오면
크고 두툼한 앞발을 들어 공격 자세를 취하기까지 한다

길섶에는 까마중이 까만 열매를 맺었다
아이였던 나는 저 열매를 따 먹다가 손끝을 물들였고
쌉쌀한 그 맛에 눈을 찌푸리면서도
자꾸만 손이 가던 기억이 떠오른다

까마중이 익어간다

풀덤불에서 붉은머리오목눈이 서너 마리 날아올랐다
강아지가 껑충 뛰어올라
새 쫓는 흉내를 내다 내 앞에 와서 앉는다

나는 웃고 강아지는 혀를 내밀고 헥헥댄다
까마중은 익어가고
강아지를 따돌리던 오목눈이
밭 언덕에서 숨바꼭질한다

저만치 앞서가다가도
자꾸만 뒤돌아보는 집으로 오는 길

까마중이 익어가고 있었다

금창초

모란 무늬 이불 밑으로
맨발이 나와 있다

구멍 난 양말 속
흙먼지를 뒤집어쓰며
호미가 닦아 놓은 길을 따라
평생을 걸어온 어머니의 발

링거를 꽂았던 발등 위
보랏빛 금창초 한 송이 피어났다

저대로 시들어버리면 어쩌나,
팔십 평생 처음 피워 올린 꽃인데
어머니 밭은기침만 쏟아내는 건조한 6인 병실

나는 얼른
가습기에다 새 물을 갈아 넣었다

민달팽이

흩뿌리듯 밤비 내리는 창가에
느릿한 걸음 민달팽이 하나
그림을 그리고 있다
미끄덩한 몸
스스로 상형문자가 되어
유리 벽 캔버스 위를
어둠처럼 기어오른다
잠든 세상이 깰까 봐
고요에 짓눌린 체액으로
밤새 신음소리 한번 내지 않고
완성해 놓은

저, 추상화 한 점

바다 한 대접

손에서 바다 냄새가 난다
바다 한 귀퉁이 잘라 왔다
바위를 움켜잡고
후려치는 파도에도
악착같이 버티었을 홍합

여린
조가비의 빗장을 헤집어
시퍼런 칼날로 탯줄을 자르듯
생명을 도려낸다

할머니를 닮고 어머니를 닮아
남자들은 모양을 즐기고
여자들은 맛을 즐긴다
점잖은 체하는 분들은 듣기를 즐기고
말하기 좋아하는 사람들
입으로 풀어내는

김이 피어오르는 포장마차

술꾼들 속풀이로 뽀얀 국물 한 대접 들이켠다

속이 시원하다

새들도 체조를 한다

일찍 일어난 새벽
마당에 나가 하늘을 본다
밤새 웅크렸던 팔다리 하늘 향해 쭉 뻗는다

돌담 언덕 대숲에서 지글지글 끓는 소리
잠 깬 참새 무리 일어나 기지개 켜는 소리를
댓잎들이 엄마처럼 품고 있다

잎새 속에서 와글거리다가 잔가지로 옮겨가며
체조 중이다
모든 새 일제히 일어서서
한 발 한 발 돌려 앉다가
옆 가지로 뛰다가
도움닫기 마치고 앞다퉈
허공에 몸을 던진다
겁도 없이 마구 튀어나온다

디딜 곳 하나 없는 곳에 무얼 믿고 저리 뛰어드는지
밤새 깃들이던 품 벗어나 용케도 푸른 하늘을 날아간다
떼 지어 날아가는 저 새들도 질서를 안다는 듯
한 뭉치로 몰려 너른 하늘 반쯤 비워둔 채,
그 비워둔 공간에
왜가리가 바다를 향해 고공비행으로 날개 펼치고
직박구리들 사이를 두고 너른 숲을 향해 날아간다
모두 태양이 솟는 곳으로 머리를 향한다

애벌레가 된 어머니

여름내 먹은 초록 잎 속엔
어여쁜 나비가 살고 있다

어머니는 여름이면
암끝검은표범나비 애벌레가 된다

너른 밭 땅속 깊숙이
무광 고구마를 박아놓고
여름내 초록의 줄기를 갉아 먹는다

비가 오면 쑥쑥 자라는 잎사귀
자라는 족족 갉아먹고
초록의 똥을 눈다
토실토실 풀물이 든 몸
점점 짙은 초록으로 변해 간다

장마철 지나고도
고구마 순은 끊임없이 자라고

너무 많은 줄기를 먹은 탓일까,
몸은 반쪽이 되어 있었다

명절날 모인 자식들 어머니를 향해
못 먹을 것을 먹었느냐며 지청구를 해댄다

연못의 주름

연못도 오래 살면 검버섯이 핀다
꽃송이 출렁이던 수면에
검푸른 잎사귀들이 다닥다닥 붙어 있다

진창에서 저토록 정갈한 꽃대 밀어 올리는
뜨거운 심장을 품고 있는 저 연못

극성이던 여름 뙤약볕마저 고요하다
누가 지극한 저 적요를 깰 수 있을까,

꼬리 빨갛게 익은 잠자리 두엇
연못보다 넓은 연잎 위를 배회한다

오색 무당거미 하나 눈알을 굴린다

연못 전체가 바짝 긴장하고 있다
이때 수면엔 물주름 하나가 더 생긴다

염색

껍질 속 붉게 여문 열매를 쪼아 물고
직박구리 참새 비둘기 까치 멧새들이
노란 꽃물로 밥을 짓는다

염색은 자연이다
자연을 몸에 입는다
염색을 먹는다
치자꽃 물들인 적을 부친다

화단에 치자나무 한 그루 비좁게 서 있다
별 같은 꽃송이 피어나는 봄밤
저녁별 거니는 마당 가득 은은하게 번지는
별빛의 향기

파란 꽃송이 붉게 물들어가면
지나가던 새들도 입술에 염색물 들인다

우구치의 밤

가끔 경기驚氣를 하던 남동생, 그럴 때마다 아버지
는 부재중이었다

놀란 엄마가 조용하고도 단호한 목소리로 나를 깨
웠다

엄마가 시키는 대로 찬물로 눈에 붙은 잠을 씻고 정
신을 차렸다

손전등을 들고 한 손에는 지겟작대기를 끌며 윗동
네 집안 아지매 데리러 갔다

달빛이 환하면 앞산에서 푸른 불빛이 흐르던 눈이
나를 덮칠 것 같고

신작로에 지게 작대기를 끌면서 걸으면 마치 누군
가 뒤에서 쫓아 오는 것 같았다

차라리 달 없는 캄캄한 밤이 좋았다 아무도 나를 볼
수 없으니 안심되었다

중간지점에 우뚝 솟은 호랑이 바위를 지날 때는 온
몸이 얼어붙는 듯 살갗의 털들도 가시를 세웠다

달빛에 비친 처마 그림자를 마루인 줄 알고 털썩 주
저앉은 밤

　동생을 살리려는 간절함으로 막연한 하나님을 부르
며 기도했다

　동생만 지켜준다면 착하게 살겠다고 약속했었다

　호랑이가 앉아 있다는 호랑이 바위

　낮에도 무서웠던

　초등학교 삼학년 때의 일이다

유골

마당을 쓸다가 감의 유골 한 점 만났다

한여름 높은 가지에서
눈 부신 태양 탱탱한 자태로 우러르다
혀끝 달콤하던 속살은 흔적도 없이
바람으로 떠나고

이제는 단단한 미라 속
바짝 건조된 씨앗 몇 개
한 해도 다 채우지 못한 생이었다

둥근 유골 하나 뒹구는
11월 늦가을 아침

오늘도 정점

체감온도 38℃

달구어진 마당에 물을 뿌리자

금세 말라가는 바닥에 앉는 듯 나는 듯 말벌 두 마리

가만히 앉아 있는 춘양이 머리 주위를 빙빙 돈다

춘양이

입으로 파리 잡을 때처럼 두 눈알 모은다

아서라

큰일난다

아야 한다

알아들은 듯 침을 질질 흘리며

그늘로 슬그머니 옮겨 앉는

오후 두 시

튀밥꽃과 허기

겨울 방학이면
아이들과 강냉이 자루를 메고
구점골로 갔다

뻥튀기 할아버지가 사는 동네
가난을 누덕누덕 기워입고 살던
금정의 겨울엔
군것질거리로 강냉이 튀밥이 최고였다
풍구로 바람을 일으키며 달구어진 풍로
픽, 하고 김을 빼는 할아버지
모두 귀 막아라 소리치면 우리는 자라목을 하고
손바닥으로 귀를 막았다

귀청 터지도록
뻥, 소리를 내면
꽃처럼 튀어 오르던 튀밥의 파편들

흩어진 튀밥을 허겁지겁 주워 먹어도

배는 부르지 않고

이빨 사이에 강냉이 껍질이 까끌거렸지만

달착지근한 사카린 맛은 군침을 흐르게 했다

질척거리는 눈길에 엉덩방아를 찧었지만

터질 듯 가득 담긴 튀밥 자루 메고

집으로 돌아올 땐 다리가 구름 위를 날았다

눈먼 정원사

그 남자는 정원사, 숲의 결을 모르는 손
갈대를 베어 사람들이 새 떼를 잘 볼 수 있게
하늘을 연다고 믿었다

아이스커피를 삼키며 웃는 여자들의 웃음소리와
예초기날의 굉음이 갈대밭을 흔들었다

나는 그들의 그림자를 피해 매일 걸었다
숨는 것들이 놀라 영영 떠날까봐 가슴을 졸였다

며칠 후
숲은 알몸을 드러낸 채 누워 있었다

둑길은 물빛으로 반짝였으나 바람은 더 멀리 달아나고
큰 새들은
제 날갯짓보다 먼저 쫓겨나 하늘을 떠돌았다

일곱 치 파이프로 통하는 비밀문을 따라가면
갈대숲으로 이어지던 길, 끝
집 한 채 있었던 자리
수달의 집이 사라졌다

그들은 숲을 가꾸었다고 말했으나
내 귀엔 새들이 모두 떠났다고 들렸다
숲은 예전보다 말수가 줄었다

소리보다 먼저 숨은 것들
몸보다 먼저 사라진 온기

수달의 놀이터엔
이제, 아무도 놀지 않는다

눈먼 정원사가 다녀간 후

오도송悟道頌

직박구리가 나의 봄을 먹었다

겨우내 입고 있던 이불과 비닐을 벗겨보니
봄동 먹음직스럽다
외출에서 돌아온 저녁 누군가가
푸른 배추밭을 몽땅 먹어치웠다

직박구리 수십 마리 나무 위에서
시끄럽게 떠들다 내려와
밭을 긁어대더니 흰 배추 뼈만 앙상하다

다음날은 뼈마저 꼭꼭 씹어 삼키고 밑동만 남기더니
오늘은 물대야에서 목욕을 한 직박구리가
수돗가 감나무 위에 올라가 배추 똥까지 지리며
내 분노에 불을 붙이고 갔는데

어린 날, 감 따러 나무에 올라가면
감 다 따면 새들 굶어죽는다고

까치밥은 꼭 남기라던 어머니 말씀이
내 분노를 토닥거리네

내 것이라고 생각한 봄 한 평,
내 것만이 아니었네

사랑을 퇴고하다

단 엿새간 뜨겁던 사랑 그대 보낸다

세차게 비 쏟아지는 날
꽃잎 젖어 바닥에 뒹굴고

아린 가슴 하나
감당치 못한 사랑, 뒷모습 지켜본다

여섯 날 다섯 밤
신열 오른 눈망울로 깊어가던 봄밤

순백의 모란이 진다
내 사랑이 진다

물 비단을 재단하는

워터 바이크가
비단 물결을
가위로 가른다

옥색 실크, 만 필
출렁이며 주름을
접었다 펼친다

놀란 숭어 떼
음표처럼
튀어 오르는
서포만

박

마을 정자나무 아래에 농사지은 푸성귀와 박을 놓고서 야채를 사 갈 트럭 오기 기다리는 할머니들

달항아리 같은 크고 작은 박이 탐스럽다

나의 유년에도 변소 초가지붕 위에 달빛 담은 커다란 박이 영글었다

말 안 듣는다며 오빠가 조롱박으로 머리통을 톡 하고 때리면 아픔에 눈물이 핑 돌았다

구멍이 송송 뚫린 박에서 묵이 물속으로 쏙쏙 올챙이처럼 떨어지는 것은 얼마나 재미있고 신기했던가

고모는 커다란 고지바가지에 벽에 걸린 달력을 보고 민화를 그렸다 나도 옆에서 소의 등을 타고 가는 목동을 그려 보기도 했다

우물에서 물길어 올 때 물 초롱에 박을 엎어서 똬리
에 받쳐 이고 올 때면 박이 가장자리에 부딪혀 꿀렁
꿀렁 소리가 났다

동네 엄마들이 모이면 박을 말려 만든 커다란 바가
지에 보리밥과 고추장과 들기름을 넣고 가난을 비볐
는데 박속엔 언제나 나물만 가득했다

비 오는 날, 어머니, 바가지에 밀가루 반죽 치대어
칼국수 끓이면 밥 먹을 거라고 투정 부리다 한 대 쥐
어박히어 눈물 한 종지 흘리며 칼국수 한 대접 들고
옆집에 가서 밥을 바꿔 먹기도 했다.

기쁜 일 있어도 박을 깨고 안 좋은 일 있어도 박
깨고 할머니 상여 나가는 날도 대문 앞에 놓인 박을
깼다

오늘은 박 본 김에 달덩이 하나 모셔 와 저녁상을
환하게 밝혀야겠다

삶의 진정성이 빚어낸
담백한 수채화 같은 시

박종현(시인)

고성 거류에서 먼바다 남편에게 띄운 사부곡思夫曲

영국 출신 시인 로버트 브라우닝은 '행복한 가정은 미리 누리는 천국이다.'라는 명언을 남겼다. 천국은 하늘에만 존재하거나 신기루 같은 세상이 아니라, 우리가 만들어가는 세상이다. 지금 우리가 사는 가정도 우리가 어떻게 만드는가에 따라 지옥이 되기도 하고 천국이 되기도 한다. 가정을 천국으로 닿게 하는 디딤돌이 바로 사랑이다. 부부 사이가 진실한 사랑으로 채워진 가정이라면 그곳이야말로 진정한 천국이 아닐까 하는 생각이 든다.

　그 진실하고 간절한 사랑은 늘 한 공간에서 살아가
는 부부 사이에서 이루어지는 경우도 있지만, 서로
멀리 떨어져 있거나 다시는 만날 수 없는 상황일 때
간절함이 더욱 깊어지는 경우가 많다. 조선 시대, 다
시 만날 수 없는 상황에서 이승에 사는 부인이 유명
幽明을 달리한 남편에게 자신의 애틋한 사랑을 담아
쓴 편지와 그에 얽힌 사연을 소개한다.

　〈안동 귀래정歸來亭 옆 원이엄마테마공원에는 원이
엄마의 친필 편지인 '사부곡思夫曲'이 조각된 비가 있
다. 1998년 경북 안동시 정상동 택지지구 개발 과정
에서 한 양반가의 오래된 묘지를 이장하던 중 편지 하
나를 발견했다. 430여 년 만에 세상에 나온 편지다.
31세의 젊은 나이에 사랑하는 아내와 어린 아들, 그
리고 뱃속의 아이와 생이별을 한 이응태의 무덤에서
발견된 현풍 곽씨 '원이 엄마'의 애절한 사부곡은 죽
은 남편의 가슴에 덮어 놓은 두 장의 한지에 한글로
써 놓은 편지다. 미라가 된 남편 옆에는 원이 엄마가
짠 미투리도 있었다. 한지에 싸인 미투리는 남편이
젊은 나이에 병석에 눕자 아내인 원이 엄마는 남편의
병이 낫기를 기원하면서 자신의 머리카락과 삼을 엮

어 정성껏 삼은 것으로 남편은 이 신을 신어 보지도 못한 채 끝내 저세상으로 가버리고 말았다. 남편이 죽자 아내는 이 미투리를 남편과 함께 묻었다. 원이 엄마의 사부곡 편지를 요즘 글로 바꾸어 싣는다.

　원이 아버지에게
　당신 언제나 나에게 '둘이 머리 희어지도록 살다가 함께 죽자'고 하셨지요.
　　　　　－중략－
　함께 누우면 언제나 나는 당신에게 말하곤 했지요.
　'여보, 다른 사람들도 우리처럼 서로 어여삐 여기고 사랑할까요? 남들도 정말 우리 같을까요?'
　어찌 그런 일들을 생각하지도 않고 나를 버리고 먼저 가시는가요?
　　　　　－중략－
　이내 편지 보시고 내 꿈에 와서 자세히 말해 주세요.
　꿈속에서 당신 말을 자세히 듣고 싶어서 이렇게 써서 넣어드립니다.
　　　　　－중략－
　이 편지 자세히 보시고 내 꿈에 와서
　당신 모습 자세히 보여주시고 또 말해 주세요.
　나는 꿈에는 당신을 볼 수 있다고 믿고 있습니다.

몰래 와서 보여주세요.

하고 싶은 말 끝이 없어 이만 적습니다.

병술년(1586) 유월 초하룻날 아내가〉

—[안동 여행] 410년 만에 무덤에서 나온 '원이 엄마 편지'와 푸른신문(2020년 12월3일)에서 가려 뽑음

　남편을 그리면서 지은 편지에는 아내의 남편에 대한 애틋한 사랑이 담겨 있다. 이 편지의 내용처럼 산 자가 망자에게 건네는 마음은 아니지만, 권재숙 시인은 먼바다에 나가 일을 하는 남편 김규열 님의 안녕과 남편에 대한 그리움을 직조해 시로 써 놓았다. 권재숙 시인은 원이엄마테마공원이 있는 안동에서 가까운 봉화군 춘양면이 고향이다. 원이 엄마가 품어온 진실하고 애틋한 사랑의 DNA가 권 시인의 피에 흐르고 있다는 생각이 들었다. 권 시인의 남편에 대한 사부곡들을 읽으면서 세상에서 가장 행복한 사람은 아마 권 시인의 남편인 김규열님이 아닐까 하는 생각이 들었다. '행복한 가정은 미리 누리는 천국이다.'란 말의 실제 속으로 들어가 본다.

남편이 가끔 있습니다
누군가 남편이 있느냐는 질문에 대한 답입니다
남편 있는 여자 신경질 나던데
아, 저는 가끔 있어서 괜찮습니다

현관에 신발이 한 켤레 더 놓이고
밥 한 그릇이 더 놓일 때
웃음소리가 커지고 티브이 볼륨이 올라가고
느리게 바둑돌 적막을 구를 때
남편이 있습니다

막걸리병이 사나흘 냉장고를 채우다가
하나둘 사라질 때쯤
트로트 어깨춤 장단으로 그가 가고 나면
나는
또
가끔
있는 듯 없는 듯
그래도 그 가끔이 나의 전부여서
여전히 큰 마당 개와 밤새 무사했느냐 인사를 주고
받으며

모닝커피를 내립니다

　　―「가끔」 전문

　부부가 되어 한평생 함께 가정을 일구다 보면 궂은 일도 만나고 좋은 일도 만난다. 오랜 세월 얼굴을 마주하다 보면 상대의 미운 점이 많이 보여 다툼이 일어나기 십상이다. 그런데 권재숙 시인의 남편처럼 먼 바다에 나가 바닷일을 하고 가끔 집으로 돌아와 며칠 동안 휴가를 보내고 다시 바다로 떠나야 하는 경우는 부부간의 사랑이 각별해진다. 시인이 몇 개월 동안 바닷일을 하고 돌아온 남편을 대하는 태도엔 정말 진심이 담겨 있다.

　'현관에 신발이 한 켤레 더 놓이고/밥 한 그릇이 더 놓일 때/웃음소리가 커지고 티브이 볼륨이 올라가고/느리게 바둑돌 적막을 구를 때' 세상에서 가장 행복한 주부가 된다. 그러다 남편이 다시 바다로 떠나고 나면 '막걸리병이 사나흘 냉장고를 채우다가/하나둘 사라질 때쯤/트로트 어깨춤 장단으로 그가 가고 나면/나는/또/가끔/있는 듯 없는 듯/그래도 그 가끔이 나의 전부여서/여전히 큰 마당 개와 밤새 무사했느냐 인사를 주고받으며/모닝커피를 내리'는 것처럼 '나의 전부'가 일터로 떠나고 없는 집에서 안타깝고 허전한 마음으로 새로운 날을 맞이한다. 남편만으로도 가득 찼던 집이 이제 남편이 떠나 텅 비어 있는 공간, 나의 전부가 사라진 집에서 '큰 마당 개와 밤새 무사했느냐 인사를 주고받'는다. 권 시인과 반려견이 주고받는 아침 인사이면서 사랑하는 남편이 권 시인에게 건넨 모닝콜이다. 먼바다와 고성 거류에 있는 집, 두 공간의 아득한 거리만큼이나 두 사람의 사랑은 깊다.

내 남자의 눈은
작아서 단춧구멍 만하다
그 작은 눈이 세계 너른 바다를 누비고 다닌다

지금은 태평양을 지나가는 중이란다

나는 그 단춧구멍 속 바다에
조용히 발을 담근다 물결이 출렁인다
그의 숨결이 느껴진다
지금 내 마음도 그 눈동자 속 바다를 따라
끝없는 항해를 시작한다

　　　－「단춧구멍 속 바다」 전문

남편을 진실로 사랑하면 단춧구멍만 한 남편의 눈마저 멋있고 믿음직스럽게 보인다. 태평양을 항해 중인 남편의 '그 단춧구멍 속 바다에' 들어가 '조용히 발을 담근다 물결이 출렁인다/그의 숨결이 느껴진다/지금 내 마음도 그 눈동자 속 바다를 따라/끝없는 항해를 시작'한다. 물아일체物我一體란 말처럼 부부일여夫婦一如의 경지에 이른 모습이다. 하늘이 내린 부부란 말은 권 시인의 내외를 두고 하는 말이 아닐까 하는 생각이 든다.

그러나 권 시인의 마음을 아프게 하는 경우도 더러 있었을 것이다. 드넓은 바다를 항해할 때면 순항만 하는 것이 아니라 어려움을 만날 때도 많다. 거센 바람과 험악한 날씨가 고성 거류에 머문 권 시인의 마음을 할퀼 때도 있다.

바람이 갈기 세우고 들판을 헤매는 날
바다도 고슴도치처럼 살갗을 세운다
내가 밤새 바람 소리에 귀를 세우고
밤을 지키는 것은
내가 사랑하는 사람이 저
가시투성이인 바다에 있기 때문이다

둥글고 편평한 배를 밀어 성난 가시를 뭉그러뜨리고
앞으로 앞으로만 나아가는 사람이 그곳에 있어서다

—「바다가 몸살 하는 날」 전문

고슴도치처럼 살갗을 세운 바다를 보며 '내가 밤새
바람 소리에 귀를 세우고/밤을 지키는 것'은 '내가 사
랑하는 사람이 저/가시투성이인 바다에 있'고, '둥글
고 편평한 배를 밀어 성난 가시를 뭉그러뜨리고/앞으
로 앞으로만 나아가는 사람이 그곳에 있'기 때문이라
고 말한다. 위태로운 바다를 보면 권 시인은 조용히
기도를 올리며 사부곡인 시를 쓰고, 그 기도와 사부
곡 덕분에 남편은 사랑하는 아내 곁에 무사히 되돌아
왔다.

그렇게 되돌아온 남편에게 아내인 권 시인이 건네
는 마음은 정말 각별하다. '지구 반 바퀴 돌아 사흘
휴가 온 내 남자//태종대 오션플라잉 테마파크에 올
라/찻잔 앞에 놓고 휴식하는 배들 즐비한/남항대교
앞 묘박지를 함께 바라본다//세 시간 후면/세상에서
가장 너른 일터로 돌아갈 남자//지구를 돌고 다시 돌
아오는 날/그의 쉼표가 되는/나'—「쉼표」 일부, 처럼
아내는 남편의 안식처가 되어 준다. 남편의 천국은

곧 아내다. 남편은 아내의 그리움이고 아내는 남편의
안식처가 된 이 가정, 천국이다.

'짐을 싸고/떠나보내면/바다처럼 크고 넓은 세상 하나
가/내 가슴을 안고 사라진다//그리움은 늘 내 몫이다'

— 「바다 택배」 뒷부분

'말복 더위와 함께 떠나가던 날/옷 가방 몇 개 싣는 사
이/천둥번개가 치고/바람에 늘어진 접시꽃이 휘청이는
데/차창을 가로막는 물줄기를 헤치며/옷이 흠뻑 젖은
채 떠난다//비 맞으면서도 접시꽃이 핀다'

— 「비 맞은 접시꽃」 뒷부분

「바다 택배」와 「비 맞은 접시꽃」 등의 시편에서도
남편에 대한 시인의 애틋한 마음과 진정한 사랑을 쌓
고 쌓아 지어놓은 천국을 만날 수 있다. 과장이나 꾸
밈없이 담백한 정서로 표현한 권 시인의 사부곡들이
필자에게 깊고 큰 감동을 건넸다.

삶의 진정성이 빚어낸 큰 울림

2018년 계간 『시인정신』 여름호 신인문학상 수상
을 통해 등단한 권재숙 시인의 수상작 「민달팽이」 외

4편에 대해 심사위원이었던 윤고방 시인은 '요즘 넘쳐나는 기교로만 중무장을 한 화장 짙은 시들에 비해 어찌 보면 성인용 동시나 은은한 수채화풍이라고나 할까, 대체로 전원 속의 소박한 생활 주변을 배경으로 한 편안한 작품들이어서 자칫 밋밋하게 보일지도 모르겠구나, 하는 걱정이 있었다.

그러나 좀 더 찬찬히 살펴보면서 바로 이 점이 선자의 눈에는 너무도 귀하고 높게 드러나왔다. 시의 우수성은 그 어떤 요소보다도 삶의 진정성에서 나온다고 믿기 때문이다. 물론 그 진정성은 자신과 세계에 대한 값진 고뇌와 끝없는 담금질과 가슴 뛰는 발견과 함께 새로운 창조물로 빚어져 나올 때 더욱 빛날 것이 당연하다.'고 심사평을 해 놓았다.

시적 기교를 거의 부리지 않은 화장기 없는 권재숙 시인의 시를 보면 처음엔 밋밋한 느낌이 들 수도 있다. 그러나 몇 번을 거듭 읽으면서 담백하고 소박한 맛을 지닌 시 속에 진정성이 담긴 것을 발견하면 기교로 쓴 시보다 훨씬 더 깊고 그윽한 감동을 느끼게 된다. 삶의 진정성을 지닌 시가 정서적으로 깊은 울림을 주는 특장特長을 가졌다. 권 시인의 시가 바로 그런 시다.

모란 무늬 이불 밑으로
맨발이 나와 있다

구멍 난 양말 속
흙먼지를 뒤집어쓰며
호미가 닦아 놓은 길을 따라
평생을 걸어온 어머니의 발

링거를 꽂았던 발등 위
보랏빛 금창초 한 송이 피어났다

저대로 시들어 버리면 어쩌나,
팔십 평생 처음 피워 올린 꽃인데
어머니 밭은기침만 쏟아내는 건조한 6인 병실

나는 얼른
가습기에다 새 물을 갈아 넣었다

　　　　　　　　　　　－「금창초」 전문

　한평생 농사일을 하시면서 자식이란 꽃을 피우기
위해 헌신해 오신 어머니께서 병원에 입원을 하셨
다. 들일만 해오신 손등에는 혈관이 잡히지 않아서

인지 발등에 돋을새김처럼 솟은 핏줄에 링거를 맞은 자국을 보고 「금창초」를 썼다. '흙먼지를 뒤집어쓰며/호미가 닦아 놓은 길을 따라/평생을 걸어온 어머니의 발//링거를 꽂았던 발등 위/보랏빛 금창초 한송이 피어났다//저대로 시들어버리면 어쩌나,/팔십 평생 처음 피워 올린 꽃', 필자는 여기까지 읽고 필자의 어머니가 생각나서 한참 동안 멍한 눈으로 천장을 바라보고 있었다. 많은 사람이 링거를 꽂은 자국을 본 경험이 있다. 그런데 그 자국을 보고 평생 처음으로 꽃을 피운 금창초라고 표현할 수 있는 사람은 결코 많지 않을 것이다. 정말 대단한 발견이다. 링거 바늘을 꽂은 자리에 든 피멍에서 보랏빛 꽃송이를 피운 금창초를 발견한 권 시인의 시적 안목에 공감하는 독자들도 필자처럼 울컥할 것이다. 뿐만 아니라 남편과 자식이란 꽃을 피우기 위해 희생하신 어머니가 평생 처음 꽃 피운 보랏빛 꽃, 그 꽃이 '저대로 시들어' 돌아가시면 어쩌나 하는 마음 깊은 곳에서 우러나오는 안타까움이 배어있다. 일상에서 더러 볼 수 있는 평범한 소재를 비범한 안목으로 참신한 세계를 창조해 낸 권 시인의 시적 진정성에 진심으로 박수를 보낸다.

먹구름이 온 땅을 뒤덮고
하늘은 금방이라도 깨어질 듯
땅을 두 동강 내고 말 기세다

어머님 마음 바다에는
파도가 격랑을 친다
다듬잇돌에 방망이질하듯
두 손은 깻단을 두드리고

무섭다며 집으로 가자고 재촉하는 며느리에게

"내사 벼락 맞아도 까딱없다,
며느리 니나 어서 가라카이"

추석날
친정 가는 며느리 손에
장독 속에 고이 간직해온 참깨 한 됫박을 쥐어주며
"첫물이라 고소할 끼다 사돈 갖다 드려라"

어머님 손등이 장마철 하늘처럼 검다

　　　　　　　　　　－「참깨 한 됫박」 전문

참깨를 수확하기 위해 시어머니와 함께 깨밭으로 간 시인은 먹구름이 몰려와 금방이라도 비가 올 것 같은 컴컴한 날씨를 맞이해 무서워하는 며느리와 비가 쏟아지기 전에 참깨 바심을 끝내려는 시어머니 사이의 의견 대립이 시 전반부의 핵심 내용이다. 누가 이겼을까? 귀가를 재촉하는 며느리에게 '내사 벼락 맞아도 까딱없다/며느리 니나 어서 가라카이' 하고 말을 한다면 혼자 일하는 시어머니를 두고 집에 들어갈 며느리는 썩 드물 것이다. 권 시인은 끝까지 남아서 시어머니와 함께 참깨 바심을 마쳤을 것이다. 시의 뒷부분에서 '추석날/친정 가는 며느리 손에/장독 속에 고이 간직해온 참깨 한 됫박을 쥐어주며/"첫물이라 고소할 끼다 사돈 갖다 드려라"//어머님 손등이 장마철 하늘처럼 검다'고 한 것을 보면 함께 참깨 바심을 해 준 며느리에 대해 마음 깊이 고마워하고 있었을 것이다. 친정 가는 며느리에게 사돈께 갖다 드리라며 첫물인 참깨 한 됫박을 건네는 시어머니의 모습에서 며느리에 대한 사랑이 얼마나 각별했는가를 알 수 있다. 고부姑婦 사이에 형성된 그 진정성이 독자들에게 뭉클한 감동을 주고 있다.

이불 빨래로 팽팽한 빨랫줄
마른하늘에 천둥번개가 하늘을 두 동강 낼 기세다

주먹만 한 빗방울이 먼지를 일으키며 마당을 구른다
실성한 사람처럼 뛰어가 이불을 마구 잡아당긴다

혼을 쏙 빼놓던 난타 공연이 시들해지자
발음도 정확하게 연신 누굴 찾고 있는 뻐꾸기

반쯤 목이 쉰 소리에서
등이 휜 어머니가 얼핏 떠올랐다 사라졌다

—「뻐꾸기 소리」 전문

　권재숙 시인의 성품과 일을 대하는 자세는 어머니
를 쏙 빼닮았을 것이라는 생각이 든다. 대부분의 딸
들이 어머니를 닮듯이 권 시인은 특히 더 그랬을 것
같다. 「뻐꾸기 소리」는 시골에서 누구나 들을 수 있
는 일상이다. 마당을 가로지른 빨랫줄에다 이불 빨래
를 널어놓았다가 갑자기 쏟아진 소나기로 인해 급히
이불을 거둬들인 상황을 표현해 놓은 시인데, 부랴부
랴 빨래를 거둔 뒤 자신의 행위를 떠올려보니 어린

날 어머니께서 하시던 모습과 지금 자신의 모습이 너무나 닮아 있었던 것이다. 어쩌면 촌스러운 행위를 하시던 어머니를 닮지 않으려고 했지만 이미 그 삶은 어머니를 닮아 있었다. 뻐꾸기의 '반쯤 목이 쉰 소리에서/등이 휜 어머니가 얼핏 떠올랐다 사라졌다'고 한 것은 어머니에 대한 그리움과 함께 어머니의 바지런함을 익힌 자신에 대한 격려의 마음도 내재 되어 있다. 단순히 어머니를 회상하는 것이 아니라, 어머니의 삶을 그대로 물려받은 자신과 어머니를 동일시하는 삶의 진정성이 잘 묻어나 있다.

평범한 소재에서 꽃 피운 비범한 서정의 세계

권재숙 시인의 시에는 장욱진 화백의 그림 「독」에 스민 흙 내음과 무심無心이 배어있다. 애써 남에게 잘 보이려 하지 않고 자연스레 우러나온 색감을 표현해 놓은 장 화백의 그림처럼 권 시인의 시에서도 편안하고 친숙한 정서와 소재로 자신의 세계를 만들어 놓고 있다. 일부러 특이한 소재를 찾아 작위적으로 표현한 것이 아니라 주변에서 찾을 수 있는 일상적인 소재에다 호들갑을 떨거나 과장을 부리지 않고 자연스럽게 표현했다는 점이 권 시인 시의 가장 큰 특장이다. 그런 표현이 오히려 많은 사람에게 공감과 감동을 준다.

흩뿌리듯 밤비 내리는 창가에
느릿한 걸음 민달팽이 하나
그림을 그리고 있다
미끄덩한 몸
스스로 상형문자가 되어
유리 벽 캔버스 위를
어둠처럼 기어오른다
잠든 세상이 깰까 봐
고요에 짓눌린 체액으로
밤새 신음소리 한번 내지 않고
완성해 놓은

저, 추상화 한 점

　　　　　－「민달팽이」 전문

민달팽이가 그린 그림은 어떤 그림일까? '미끄덩한 몸/스스로 상형문자가 되어/유리 벽 캔버스 위를/어둠처럼 기어오'르며 그린 그림은 시인이 걸어온 삶일 수도 있고 살아갈 길일 수도 있다. 그러나 '잠든 세상이 깰까 봐/고요에 짓눌린 체액으로/밤새 신음소리 한번 내지 않'고 완성해 놓은 그림인 추상화 한 점은 시인이 겪어야 했던 현실적인 아픔일 수도 있고 그 아픔을 극복하고자 하는 인내와 의지일 수도 있다.

비 온 뒤 시골에서 생활하는 사람들은 길바닥이나 유리창에 민달팽이가 지나간 자국, 뿌옇게 말라붙은 거품을 흔하게 볼 수 있다. 일상 속에서 만날 수 있는 평범한 소재인 민달팽이 발자국에서 시인은 '추상화 한 점'을 찾아낸 것이다.

얄궂다
대체 무슨 원한이라도 있는 걸까
썩은 생선에 쉬파리 끓듯
얼굴만 내밀면 창을 들고 덤빈다

장마가 온다고 하여
미루었던 코끼리 마늘 캐러 나갔다
뽑히지 않는 마늘과 씨름하는 잠깐 사이
수십 방의 모기 공격을 받고

엉덩이 벌집 되어 도망 왔다

집안까지 끈질기게 쫓아온 서너 마리
사람이라면 원수도 이런 원수 없을 터
철천지원수라도 이렇게는 안 할 터인데
그 집요함은 사람보다 더 했다

한참을 물리고 나니 온몸에 꽃밭 하나 생겼다
모기의 창이 꽂힌 자국마다 피어나는 백일홍
거울 속 내 얼굴 한 송이 꽃으로 피어났다

　　　　　　　　 ―「모기가 심은 백일홍」 전문

　들일을 하러 갔다가 모기들의 공격을 받은 경험을
쓴 시다. '뽑히지 않는 마늘과 씨름하는 잠깐 사이/수
십 방의 모기 공격을 받고/엉덩이 벌집 되어 도망와'
서 모기에게 물린 자리를 본 시인이 망가져 있는 자
신의 얼굴을 활짝 핀 한 송이 백일홍으로 에둘러 표
현해 놓고 있다. '온몸에 꽃밭 하나 생겼다/모기의 창
이 꽂힌 자국마다 피어나는 백일홍/거울 속 내 얼굴
한 송이 꽃으로 피어'났다고 표현한 걸 보면 일상에
서 흔히 겪을 수 있는 상황인 '모기 물림'에서 권 시

인은 자신만의 안목으로 '한 송이 백일홍'을 발견해
낸 것이다. 권 시인의 이러한 참신한 안목이 비범한
시적 역량을 드러낼 수 있었다고 생각한다.

  오후 두 시를 알리는
  괘종시계 소리도 길게 늘어졌다

  사랑채 마루 밑
  헐떡거리는 백구의 혀는
  여름 낮보다 길다

  뒤란 참대 숲에서 보내는 비둘기의 구급 신호에
  새파랗게 질린 채 떨어지는 땡감 소리
  어린 강아지들은 세상모르고 잠이 들었다

  더위에 발효된 여름이
  가끔 매미의 울음을 끊어먹을 땐
  어미개의 가쁜 숨소리가 더욱 불안해진다
  혓바닥에 고인 침,
  뭉텅 쏟아져 내리는 말복날 오후다

                    ―「말복」 일부분

삼복더위의 절정을 이루는 말복날 오후의 풍경을 묘사해 놓았다. 길게 늘어진 '괘종시계 소리', 여름 낮보다 길게 빼 문 '백구의 혀', 너무 더워 '새파랗게 질린 채 떨어지는 땡감', 더위에 지친 어미개의 입에서 뭉텅 떨어져 내리는 백구의 '혓바닥에 고인 침' 등의 상황들이 모여 「말복」의 풍경을 구체적으로 표현해 놓고 있다. 말복의 이미지를 명징하게 드러낸 점이 매우 돋보인다.

「유골」에서 늦가을 아침, 마당에 떨어진 감을 보고 '마당을 쓸다가 감의 유골 한 점 만났다'라고 한 표현이나 '꽁무니에 깜빡깜빡 끊어질 듯 이어지는/한 무리의 불빛이 날아들어 서성댄다//안동에서도 한참 두메인 춘양에서/먼 길 나를 찾아왔는가//어두운 창가, 방충망에 앉아서/나의 안부를 살피'는 개똥벌레를 권 시인을 짝사랑한 소년에 빗대어 표현한 부분은 권 시인의 시적 역량을 가늠해 볼 수 있는 표현이다. 평범한 일상에서 새로운 세계를 찾아내는 비범함을 엿볼 수 있다.

바다와 시가 어우러져 꽃 피운 행복

시의 진정성은 시인의 진정성 있는 체험과 더불어 시적 화자의 진실한 태도에 의해 발현된다. 진정성이란 본디 진실성과 독창성을 아울러 의미하는 말이다. 요즘은 시인의 삶에 담긴 진정성은 외면당한 채, 표현상의 독창성에만 비중을 두고 있는 형세다. 하지만 시가 독자들에게 깊은 울림을 주기 위해서는 그 진정성이 필수 요건이다.

권재숙 시인의 시에는 삶의 진정성과 함께 시 속에 나타나는 화자의 태도 또한 진실성이 잘 묻어나 있다. 이런 진정성 있는 삶의 태도가 시를 읽는 이들에게 깊은 울림을 준다. 먼바다에 나가 바닷일을 하는 남편을 대하는 마음, 대상을 바라보는 진정성 있는 자세, 주변에 흔히 만날 수 있는 일상에 대한 애정과 진실한 태도가 밴 시들이 화려한 기교나 과장된 감정 없이도 독자들에게 큰 감동을 준다. 시가 건네는 감동은 궁극적으로 시를 쓴 권 시인에게 행복이란 보상으로 되돌아갈 것이라 믿는다.

지금 권 시인이 누리는 행복은 먼바다를 항해하는 남편에 대한 진실된 사랑, 그 진정성이 발효되어 탄

생한 시와 삶에서 비롯되지 않았을까 하는 생각이 든다. 담백한 수채화처럼 마음 깊은 곳에 울림을 준 시편으로 첫시집『단춧구멍 속 바다』를 펴낸 권재숙 시인께 축하의 박수를 드리고 싶다.